(437e)

CATALOGUE

ESTAMPES

DES ÉCOLES ANCIENNES

Eaux-fortes italiennes, Ornements, Paysages, Animaux
Sujets religieux in-fol., etc.

ÉCOLE DU XVIIIe SIÈCLE

MODERNES; VUES DIVERSES

DONT LA VENTE AURA LIEU

HOTEL DES COMMISSAIRES - PRISEURS
RUE DROUOT, 9, SALLE N° 4
AU PREMIER ÉTAGE

Le Mardi 7 Octobre 1879

A UNE HEURE PRÉCISE

Me **Maurice DELESTRE**, Commissaire-Priseur,
rue Drouot, 27,
Assisté de M. **VIGNÈRES**, Marchand d'Estampes,
rue de la Monnaie, 21, à l'entre-sol.
CHEZ LEQUEL SE DISTRIBUE LE CATALOGUE

PARIS — OCTOBRE — 1879

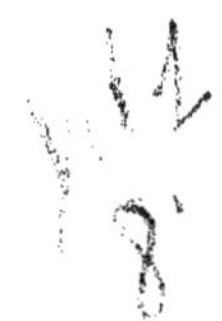

CONDITIONS DE LA VENTE

L'ordre du catalogue sera suivi.

La vente sera faite au comptant.

Les Acquéreurs paieront CINQ POUR CENT en sus des enchères, applicables aux frais de vente.

M. VIGNÈRES, chargé de la Vente, remplira les Commissions.

NOTA. Toute commission sans prix fixé ou sanslimite déterminée sera regardée comme nulle.

M. VIGNÈRES se charge de faire marquer les prix aux Catalogues des Ventes qu'il a faites. Les personnes qui le désirent peuvent s'adresser à lui *franco.*

Plusieurs Amateurs éloignés en ont reconnu l'utilité pour les guider dans leurs achats sur les valeurs des Estampes.

Les Catalogues des Ventes à faire seront envoyés aux personnes qui en feront la demande *affranchie.*

AVIS. — Nous prions MM. les Amateurs éloignés de ne pas attendre au dernier jour, pour que les lettres arrivent le matin de la vente, les lettres étant distribuées après mon départ.

Choix de Catalogues avec prix marqués.

M. VIGNÈRES se charge des Commissions dans les Ventes de Livres et Estampes autres que les siennes.

PORTRAITS

Gravés par Ambroise TARDIEU

OVALES IN-8, PAPIER FORMAT IN-4

CHAQUE 50 C. OU 1 FR., SELON LA RARETÉ

Quelques épreuves sur Chine ou avant la lettre

Addison (J.), poëte dram. anglais.
Admyrauld, député (Charente-Infér.).
Aguesseau (H.-F. d'), chancelier.
Aignan (Ét.), poëte lyrique,
Albinus (B.-Sig.), médecin-anatomiste.
Alcibiade, général grec.
Aldrovandi (Ulysse), polygraphe.
Alembert (D'), académicien.
Alexandre le Grand, roi de Macédoine.
Alfieri (Vittorio), poëte dramatique.
Alphonse (Baron d'), député de l'Allier).
Amyot (Jacques), évêque, prosateur.
Andrieux (F.-G.-J.-S.), poëte dram.
Annibal, général des Carthaginois.
Arago (Dom.-Fr.), astronome.
Araldi, médecin italien.
Argenson. Voir Voyer.
Arioste (Louis), poëte.
Aristophane, poëte comique grec.
Aristote, polygraphe.
Arnault, auteur de la Minerve.
Astruc (Jean), docteur médecin.
Audibran, dentiste.
Auguste.
Azaïs (P.-Hyacinthe), philosophe.
Balzac (J.-L.-Guez), prosat. historiog.
Banks (Sir J.), voyag. naturaliste.
Barbary de Langlade, dép. de la Dordog.
Barbé de Marbois (Marquis de), pair.
Barrelier (J.), botaniste.
Basterrèche, dép. des Basses-Pyrén.
Bauhin (Gaspard), Bot.-anat., médecin.
Beaumarchais (P.-A.-Caron de), aut. dram.
Belliard (P.-Aug.), médecin-anatom.
Bedoch, député de la Corrèze.
Beker, général, pair.
Belliard, général, pair.
Belon (Pierre), méd. voy. zoologiste.
Benjamin. Voir Constant.
Berchoux (J.), poëte littérateur.
Berthollet (Comte), pair.
Berzelius (Chev.), chimiste.
Beslay, député des Côtes-du-Nord.
Bessières, maréchal de France,
Bichat (M.-F.-X.), méd. physiologiste.
Bloch (M. El.), zool., méd. anatomiste.
Blumenbach (J.-F.), méd. anat., physiol.
Boerhaave (Hermann), bot., chim., méd.
Bogne de Faye (Chev.), dép. de la Nièvre.
Boileau Despréaux.
Boin, député du Cher.
Bondy (Comte de), député de l'Indre.
Bonnet (Ch.), Bot., zool., philosophe.
Bory de St-Vincent (J.-B.), voy., zool. bot.
Bosc (L.A.-Guil.), botaniste, zool., agronome.
Boyer (J.-B.-N.), médecin.
Boyle (Robert), chimiste physicien.
Brisseau. Voir Mirbel.
Broussonnet (P.-A.-M.), botan., médecin.
Brugmans (Séb.-Just.), méd., bot., chim.
Brun de Villeret, général, dép. de la Lozère.
Brutus (Lucius-Junius), consul romain.
Brutus (Marcus-Junius), général romain.
Buch (Léopold de), géologiste.
Buffon (G.-L.-Leclerc, comte de), polygraphe
Burelle, député de l'Allier.
Busson, député d'Eure-et-Loir.
Cabanis (P.-J.-G.), méd., phil., littérateur.
Cabanon, député de la Seine-Infér.
Caldani (L.-M.-A.), médecin.
Candolle (Aug.-Pyramus de), botaniste.
Cardeneau, général, député des Landes.
Cassaignolles, député du Gers.
Cassini (Alex.-H.-G. de), botaniste.
Casti (J.-B.), poëte.
Caumartin, député de la Côte-d'Or.
Caylus (Comtesse de), Marg. de Valois.
Chaptal (J.-A.), comte de Chanteloup.
Charlemagne, député de l'Indre.
Chasseloup-Laubat, général, pair.
Chauvelin, député de la Côte-d'Or.
Chevreuil (Mich.-Eug.), chimiste.
Choiseul (Duc de), pair.
Cicéron (Marcus-Tullius), orateur romain.
Clapperton (Hugh.), clairevoie.
Clément, député du Doubs.

Clément de Ris (Comte, pair.
Cloquet (J.-H.), méd. anat., zool.
Cochon Duvivier (P.-Th.), chirurgien.
Colchen (Comte), pair.
Colomb (Christophe), astron., navigateur.
Constant (Benjamin), de Rebecque.
Corcelles (De), député du Rhône.
Cordier (P.-L.-A., géologiste.
Corneille (Pierre), poëte dramatique.
Corvisart (Baron), médecin.
Coste (J.-F.), médecin.
Courvoisier (De), député du Doubs.
Cousin (Victor), philosophe.
Cuvier (Georges Baron), naturaliste.
Cuvier (G.-Fréd.), zoologiste.
Dacier (Anne-Lefèvre), prosatrice.
Dalberg (Duc de), pair.
D'Arcet (J.-P.-J.), chimiste.
Daru (Comte), pair, historien.
Daubenton, naturaliste.
Daunou (P.-C.-F.), historien.
Davy (Sir Humphrey), chimiste.
Defrance. Voir Marin.
Delaitre (Baron), dép. de Seine-et-Oise.
Delong, député du Gers.
Demarcay, général, dép. de la Vienne.
Demetrius Poliorcete, roi de Macédoine.
Démosthène, orateur grec.
Desbordes-Borgnis, député du Finistère.
Descartes (Réné), seigneur du Perron.
Desfontaines, botaniste.
Deslongchamps. Voir Loiseleur.
Desmarest (Ans.-Gaet.), zoologiste.
Desmarest (Nicolas), géologiste.
Dessojje, général, pair.
Devaux, député du Cher.
Diane de Poitiers.
Diderot (Denis), littérateur.
Dioscorides (Pedanius), méd. botan.
Dodart (Denis), botaniste, médecin.
Dolomieu (De), minéralogiste.
Du Faur. Voir Pibrac.
Duhamel du Monceau, physicien.
Dulong (P.-L.), chimiste, physicien.
Dumeilet, député de l'Eure.
Dumeril (A.-M.-C.), médecin.
Dumont de Ste-Croix (C.-H.-F.), zool.
Dumoulin (Évariste), aut. de la Minerve.
Dupaty (C.-M.-J.-B.-Mercier), h. de lettres.
Dupin aîné, avocat.
Dupont, député de l'Eure.
Edwards (Georges), zoologiste.
Eschine, orateur grec.
Eschyle, poëte tragique grec.
Esgonnière, député de la Vendée
Étienne (Ch.-Guil.), poëte dramatique.
Euripide, tragique grec.
Falatieu, député des Vosges.
Faujas de St-Fond (B.), géologiste.
Faure, député de la Charente-Infér.
Fénelon (F. de Salignac).
Ferrin (Antoine), médecin anatomiste.
Flaminius (T.-Q.), général romain.
Fouquet (Henri), médecin.
Fourcroy (A.-F. de), chimiste.
Foy, général, député de l'Aisne.
Fradin, député de la Vienne.
François de Nantes (Cte), dép. de l'Isère.
Fresnej (Aug.-J.), physicien.
Gahn (J.-Théo.), chimiste.
Gaillon (Benjamin), bot., zoologiste.
Galba (Servius-Sulpit.), emp. romain.
Garengeot (R.-J.-C. de), chirurgien.
Gay (Sophie).
Gay-Lussac (J.-L.), phys, chimiste.
Gelon, roi de Syracuse.
Geoffroy-St-Hilaire, zoologiste.
Girardin (Cte de), dép. de la Seine-Inf.
Gouan (Antoine), bot., médecin.
Gouvion-St-Cyr, maréchal, pair.
Grammont (De), député de la Haute-Saône).
Graverend. Voir Le Graverend.
Grenier, général, dép. de la Moselle.
Gresset (J.-B.-L.), poëte, aut. dram.
Grimm (F.-M.), critique, phylosophe.
Guilhem, député du Finistère.
Guizot (F.-P.-G.), historien.
Haller (Albrecth de), méd., botaniste.
Hardouin, député de la Sarthe.
Harel, auteur de la Minerve.
Haüy (Réné-Just), minéralogiste.
Hennequin (A.-L.-M.), avocat.
Hermann (Jean), botaniste, médecin.
Hernoux, député de la Côte-d'Or.
Hérodote, historien grec.
Horace, poëte latin.
Humboldt (F.-H.-Alex., bar. de), polygr.
Humphry. Voir Davy.
Hunolstein (Comte d'), pair.
Hunter (Jean), chirurgien, anatom.
Hunter (William), médecin anatom.
Jard-Panvilliers (B[on]), dép. des Deux-Sèv.
Jay (Antoine), historien publiciste.
Jobez, député du Jura.
Jourdan, maréchal, pair.
Jouy (V.-J.-E.), poëte dramatique.
Jules César.
Jussieu (Bernard de), botaniste.
Juvenalis (Dec.-Junius), poëte satir.
Kellerman, maréchal, pair.
Kellerman fils, général, pair.
Kératry, député du Finistère.
Keraudren (P.-F.), médecin.
Klaproth (M.-H.), chim., minéralog.
Klein, général, pair.
Kyrby (William), zoologiste.
Labbey de Pompierres, dép. de l'Aisne.
La Bruyère (J. de), phil., moraliste.
Lacépède (B.-G.-E.-Laville, comte de).
Lacépède, âgé zoologiste.
Lacretelle aîné, académicien.
La Faye (George de), chirurgien.

Vve Renou, Maulde et Kock, imp[rs] de la Compagnie des Commissaires-Priseurs, rue de Rivoli, 144. 99804

1634-50

Servoux 9

Deliguiere 10

Witert 15 Berari 10

Wittert 30

(437•)

CATALOGUE

ESTAMPES DES ÉCOLES ANCIENNES

1 **Albane** (D'ap.). Les Éléments, 3. Très-grand in-fol. et autres. 7 p.

2 **Architecture** et machine de siége. 30 p., plusieurs par Édelinck.

3 — Monuments, Vues de France et autres. 30 p.

4 **Bega**. Sujets flamands à l'eau-forte. 16 p.

5 **Berghem** (D'ap.). Sujets de Bergeries. 40 p.

6 **Biscaino**. Saintes Familles. 6 p. à l'eau-forte.

7 **Bloemaert**. Sujets divers par et d'après, l'Age d'or, etc. 33 p.

8 **Boscarati** (D'ap.). Allegories sur le monde. 4 p. grand in-fol., très-belles ép., marge.

9 **Bourdon** (Séb.). Eaux-fortes, et d'après lui. 18 p.

10 **Brebiette**. Bacchanales en forme de frises. 17 p.

11 **Breughels** (D'ap.). Le Coup de fléau et autres. 8 p.

12 **Bruyn** (D'ap. de). Paysages et Sujets bibliques et du nouveau Testament. 17 p., la plupart grand in-fol.

13 **Callot.** Parterre de Nancy, Tentation de saint Antoine, Foire de Florence. 3 p.

14 **Carrache** (D'ap.). Saint Sébastien, avant la lettre; Pieta et autres Sujets religieux. Grand in-fol. 14 p.

15 — L'Amour chatié, Plafonds de la Farnesine et autres Sujets mythologiques. 16 p. grand in-fol.

16 — Sujets religieux, Eaux-fortes et autres. 25 p.

17 — Sujets mythologiques, Eaux-fortes et autres. 36 p.

18 **Castiglione.** Têtes et Sujets divers à l'eau-forte. 45 p.

19 **Claude Lorrain.** Paysages, Eaux-fortes originales, ép. modernes. 25 p.

20 — Berger et Bergère conversant (R. D. 21), et d'après lui, par D. Barrière, etc.

21 — Tiré du liber veritalis. 30 p.

22 **Corrége** (D'ap.). Le Plafond du dôme de l'église de Parme, suite de 15 p. grand in-fol., par Vanni. Belles ép., collées.

23 — Saintes Famille, Saint Jérôme, Madeleine, et Sujets mythologiques. 10 p.

24 **Dominiquin** (D'ap.). Vierge au rosaire, Martyre de sainte Agnes, saint Jérôme, etc. 18 p. grand in-fol., etc.

25 — Le Lever, Angles de plafonds allégories, etc. 10 p. in-fol., etc.

26 **Durer** (D'ap). Lucas de Leyde, M. Schongauer et autres, copies modernes. 6 p.

27 — La grande Pandore et autres par et d'après et Lucas de Leyde. 18 p.

Surgeres 10 Berard 2 Alaboissele 12

Berard 10

Texvay 8

Laguerre 5. Texvay 15
si no 70. seul
Texvay 6.

Deligniere 30

Berard 11

Wittert 10

Hedou 10

28 — Bois, Histoire de la Vierge et autres. 19 p.

29 **Dyck** (D'ap. Van). Procession de Charles Ier et Sujets religieux. 15 p.

30 **Eaux-fortes italiennes.** Fable, le Paysan, son fils et l'âne. 5 p. in-4.

31 — Guide, Tiepolo et autres. 22 p.

32 — Salvator Rosa, 28; Tempeste, 16. En tout 44 p.

33 — C. Marate et autres, Saintes Familles, etc.

34 **École espagnole.** Sujets divers d'ap. Murillo, Ribéra, Vélasquez. 13 p.

35 **École italienne.** Beatricet, Bonasone, E. Vico, Silvestre de Ravenne et autres.

36 — Sujets religieux d'ap. divers maîtres. 25 p.

37 — Sujets mythologiques, d'ap. divers. 65 p.

38 — Scènes historiques, Églises de Rome. 14 p.

39 — Piranesi et autres, Vues diverses. 20 p.

40 — Atelier de Baccio Bandinelli, compositions d'ap. Baroche, Bartholomeo, Beretin. 12 p. grand in-fol.

41 — D'après Féti, Guerchin, Guido Reni, Sujets religieux et mythologiques. 18 p.

42 — D'après C. Maratte, Mucien, Palme, Sujets religieux in-fol. 12 p.

43 — D'ap. Géorgion, Jules Romain, etc. 12 p. in-fol.

44 **École flamande.** Sujets mythologiques. 24 p.

45 — Sujets d'après divers maîtres. 70 p., 2 lots.

46 **École de Fontainebleau.** La Forge, le Restaurant et autres. 40 p.

47 **École française**. Chapron, Chauveau, La Hyre, Sujets de vierges, Bacchanales, à l'eau-forte. 25 p.

48 — D'ap. Girardon, Le Sueur et Mignard. 16 p. grand in-fol.

49 — Sujets religieux. 18 p. in-fol.

50 — Sujets mythologiques. 35 p.

51 **Fac simile** de dessins, Écoles flamande et française. 22 p.

52 — École italienne, Raphaël. 20 p.

53 — Carrache, Michel-Ange, Parmesan et autres. 50 p.

54 **Genoels**. Paysages à l'eau-forte. 21 p.

55 **Ghisi** (Les). L'Amour et Psyché, etc. 12 p.

56 **Goltzius** Sujets religieux et mythologiques. 40 p.

57 **Heemskerke**. Sujets bibliques, etc. 22 p.

58 **Hollar**. Portraits d'ap. Holbein, l'Hiver, Chiens, Paysages. 24 p.

59 **Hooghe** (R. de). Scènes historiques. 6 p.

60 **Jackson**. Camaïeux, d'ap. P. Véronèse. 3 p. in-fol., rares.

61 **Kolb** (C.-W.), L'Idille aux grandes plantes et autres. 5 p. à l'eau-forte.

62 **La Belle** (Ét.). Sujets divers à l'eau-forte. 55 p.

63 **Lafage**. Bacchanales, Frises. 13 p.

64 **Lairesse**. Son œuvre, Sujets divers. 46 p. à l'eau-forte.

65 **Luyken**. Sujets bibliques à l'eau-forte. 11 p.

Dervaux 13.

Hedou 6 Lemeignen 4. Deligniere 8.

Hedou 20 Ward. 25 Lemeignen 13

Wittorf 10 Dervaux 8

Berard 8 Dervaux 13.

Hedou 5 Dervaux 5

Surgeres 15

Jouvin 8

Soligniev 15

Willart 15

Surgeres 20 chaque

66 **Le Brun** (D'ap.). Batailles, Christ et Sujets religieux. 22 p.

67 — La Chute du démon, Entrée de Jésus à Jérusalem, Assomption de la Vierge et autres. Très-grand in-fol. 10 p.

68 — Plafonds divers. 50 p. grand in-fol.

69 **Le Clerc** (Séb.). Entrée d'Alexandre, Académie des Sciences, etc. 5 p.

70 **Mellan.** La Face du Christ, les Satyres, Rébecca d'ap. Tintoret et autres. 9 p.

71 **Meulen** (Van der). Paysages : Arras, Valenciennes, etc. 16 p.

72 **Michel-Ange** (D'ap.). Jugement dernier, par Bonasone et autres; Tombeaux, etc. 20 p.

73 **Neve** (F. de). Paysages avec scènes mythologiques. 11 p. à l'eau-forte.

74 **Orley** (Van). Sujets de l'histoire de Jésus et autres à l'eau-forte. 15 p.

75 **Ornements** d'ap. Berain, Ducerceau; Vases, Architecture, plusieurs lots.

76 **Ostade.** Sujets flamands par et d'après. 32 p.

77 **Parmesan.** Le Christ au tombeau et autres, eaux-fortes originales et d'ap. lui. 10 p.

78 **Pas** (D'ap. C.). Galle, M. de Vos et autres. 40 p.

79 **Perelle.** Vues de Paris, France, Italie. 50 p.

80 — Paysages divers. Plus de 200 p. Deux lots.

81 **Photographies** de Braun, d'ap. L. de Vinci, M.-Ange. 4 p.

82 — d'ap. Murillo. 8 p.

83 — Sujets et Vues diverses, d'ap. les tableaux de maîtres, Raphaël, etc. 55 p.

84 **Piazzetta** (D'ap.). Têtes de saints et de femmes, par Pitteri et autres. 7 p.

85 **Polidore** (D'ap.). Bas-Reliefs. 10 p.

86 **Poussin**. Paysages. 8 p. grand in-fol.

87 — Moïse sauvé, Mort de Saphire, l'empire de Flore, Pyrrhus, le Baptême, etc. 9 p. très-grand in-fol.

88 — Sujets religieux, par Pesne et autres. 30 p.

89 — Sujets mythologiques et Paysages. 29 p.

90 **Raimondi** (Marc-Antoine) et son école. Sujets religieux, d'ap. Raphaël et autres. 10 p.

91 — Figures dans des niches. 12 p.

92 — Sujets mythologiques. 19 p.

93 **Raphaël** (D'ap.). Les Loges, par Chapron et autres. 24 p.

94 — Portraits, saint Georges, saint Jean. 5 très-belles p.

95 — Saints, Saintes, Sujets religieux. 22 p.

96 — Sainte Famille, d'Edelinck et autres, Vierges. 15 p.

97 — Amours dans des angles. Suite complète de 14 p. avant les numéros et 9 avec. En tout 23 p.

98 — Plafond en 8 p., Angles de voutes, 16. En tout 24 p.

99 — Bas-Reliefs de P.-S. Bartoli. 26 p.

100 — Les Heures. Avant la lettre. 8 p.

101 — Mythologie, Galatée, etc. 20 p.

102 — Histoire de Psyché au trait. In-4. 35 p.

Hedon 3

[illegible]ligni[illegible] 15

[illegible] 10
si [illegible]
tout nuage
26.36
23 - 30

Delamain 25. Malbranche 25 Hedou 15

Lino
[illegible]

Herman Lino 40.
[illegible]
[illegible]

Herman

Herman

Herman
Lemeignan 4

Lemeignan 4.50

Hedou 15

Delignières 20

Dervon 13

103 **Rembrandt**. Eaux-fortes originales. 15 p.

104 — Sujets divers d'ap. lui et Copies; le Baptême de l'eunuque de Van Vliet, etc.

105 **Ridinger** et autres. Sujets d'animaux. 20 p.

106 **Rubens** (D'après). Paysages et Intérieurs d'étables. 5 très-grands in-fol. et 9 moyens. En tout 15 p.

107 — Sujets bibliques, Chute des démons, Daniel dans la fosse, etc. 12 p.

108 — Nouveau Testament, saint Roch, Martyres, etc. 15 p.

109 — Saintes Familles, Adoration des bergers, etc. 13 p.

110 — Sujets mythologiques et autres. 33 p.

111 — Sujets religieux, Vierges, etc., petit format. 33 p.

112 — Sujets mythologiques et autres, petit format. 24 p.

113 **Rugendas**. Scènes militaires, Camps. 22 p.

114 **Ruysdaël**. Paysages par et d'après. 12 p.

115 **Sadeler**. Paysages et autres. 25 p.

116 **Schut** (Corneille). Vierges et autres à l'eau-forte. 11 p.

117 **Silvestre** (Israël). Vues de Paris et de France. 22 p.

118 **Sujets religieux**. Divers. 100 p.

119 — Annonciations, Adorations des bergers, des mages, Pentecôte, etc. 46 p.

120 — Vierges et saintes Familles, Fuite en Egypte. 100 p.

121 — Christs en croix. 31 p.

122 — Descentes de croix, Christs au tombeau. 20 p.

123 — Portraits de saintes. 46 p.

124 — Portraits de saints divers. 100 p.

125 — Scènes bibliques, Vierges et autres, des Écoles flamande et française. Plus de 46 p.

126 **Téniers** (D.). Sujets flamands. 40 p.

127 **Teste** (P.). Communion de saint Jérome et autres, Allégories mythologiques. 27 p.

128 **Tettelin** (D'ap.). Frises d'enfants et Groupes montants, par Ferdinand. 6 p.

129 **Titien** (D'ap.). Sujets religieux, Paysages, Danaé et autres, Sujets mythologiques. 18 p.

130 **Véronèse** (D'ap.). Sujets religieux et mythologiques à l'eau-forte. 8 p.

131 — Jésus à Emaüs, Adoration des rois, Loth, Enlèvement d'Europe, etc. 8 p. grand in-fol.

132 **Visscher**, d'ap. Laer, Ostade. Bohémienne, Marchand de mort aux rats, etc. 14 p.

133 **Volterre** (D'ap. Daniel de). Descente de croix, de Dorigny et autres. 3 planches différentes.

134 **Vouet** (D'ap. S.). Moïse sauvé, Christ, Vierges et Sujets mythologiques. 22 p.

135 **Wouvermans** (D'ap.). Scènes de chevaux, et d'ap. Falens, Cavaliers. 20 p.

Haboinete 25

Beruri 10

Wittert 5

Vargier 5 Herman 10

ÉCOLE DU XVIII SIÈCLE

136 **École du XVIIIe siècle.** 64 p., 3 lots.

137 **Animaux**, Bestiaux, Moutons, Chiens, Chevaux de Hills; Chats, Cerfs de Newton Fielding, Ridinger, Chevaux et Chiens anglais, etc. Plusieurs lots.

138 **Aubry** (D'ap.). Bergère des Alpes, l'Heureuse nouvelle, Bonté maternelle. 3 p. in-fol.

139 **Balechou**. Sainte Geneviève, Latone vengée. 2 p. in-fol.

140 **Bartolotti**. A lecture on Gadding; les Chagrins de Werther; *Bartolozzi* Cybele, Iris, Bergère des Alpes. 7 p.

141 **Baudouin** (D'ap.). Annette et Lubin, la Fille grondée et pendant. 3 p.

142 **Beauvarlet**. Suzanne, Enlèvement des Sabines, Acis et Galathée, Télémaque, la double Surprise, etc. 8 p. in-fol.

143 **Benard** (D'ap.). Le Gage de l'amitié et autres. 5 p.

144 **Boilly** (D'ap.). Le Cadeau délicat, nous étions deux, et autres. 6 p.

145 **Boissieu**. Les grandes Vaches. Très-grand in-fol., toute marge.

146 **Boucher** (D'ap.). Sujets d'enfants et d'amours, et autres. 15 p.

147 — Pastorales, Paysages, etc. 20 p. in-fol.

148 **Chardin** (D'ap.). Étude de dessin, la Serinette, la Gouvernante, le Négligé, etc. 10 p.

149 **Choffard**. Vue de la ville d'Orléans. Très-grand in-fol., collé sur carton.

150 **Coypel** (D'ap.). Adam et Eve, Suzanne, la Madeleine, l'Amour de ville, etc. 10 p.

151 **Darcis**. Suzanne, le Départ, le Retour, et autres. 5 p.

152 **De la Rue**. Sujets militaires à l'eau-forte. 35 p.

153 **De Marcenay**, 3, et Eaux-fortes par Denon, d'ap. les maîtres. 17 p.

154 **Dennel**. Teresias, l'Essai du corset, les Attraits multipliés, s'il m'était aussi fidèle. 4 p.

155 **École anglaise**. The Village festival, d'ap. Wilkie et autres. 5 p.

156 — Sujets divers, Manière noire et autres. 12 p. d'ap. Cosway, Westall, etc.

157 **Eisen** (D'ap.). Le Mouton favori, l'Amusement de la jeunesse et autres. 5 p.

158 Fleurs de Baptiste, Vauquier, Bléry, Van Spaendonck, etc. 40 p.

159 **Fragonard** (D'ap.). Le Temps orageux, avant et avec la lettre, Serment d'amour, les Beignets, le Parc, etc. 10 p.

160 **Freudeberg** (D'ap.). La Gaieté conjugale, le Présent du fermier, les différents Goûts, la Chûte inévitable, d'ap. Fryberg. 4 p.

161 **Gérard** (D'ap. Mlle). Le Bouquet, le Cadran solaire et autre. 3 p.

Lemeignen 12

Lemeignen 12

Hedon 60 x

Hedon 6

162 **Gillot.** Fables de Lamotte, Fête de Pan, le Mariage, etc. 12 p.

163 **Greuze** (D'ap.). La Mère bien aimée, — le Paralytique. 2 p. grand in-fol.

164 — Le Fils puni, — la Malédiction paternelle. 2 p. grand in-fol.

165 — Le tendre Désir, Annette et Lubin, l'Enfant gâté et autres.

166 **Hogarth** (D'ap.). Mariage à la mode, The Bathos, etc. 4 p.

167 **Huet** (D'ap.). L'Amour et l'Innocence, la Fidélité, la Déclaration, l'Amant pressant, etc. 7 p.

168 **Hutin.** Pièces des Œuvres de miséricorde. 7 p. des doubles. Superbes ép. à l'eau-forte.

169 **Jeaurat** (D'ap.). Déménagement d'un peintre, Enlèvement des filles de joie et autres. 8 p., plusieurs déchirées.

170 **Lancret** (D'ap.). Éléments, Contes de La Fontaine et autres. 12 p.

171 **Le Bas.** L'Amant aimé, petite Marine, la même, avec vue de Skervin. 3 p., belles.

172 **Le Moine** (D'ap.). Adam et Eve, Hercule et Omphale, Andromède, etc. 4 p.

173 **Lempereur.** Festin espagnol, d'ap. Palamèdes. Grand in-fol. avant la lettre.

174 **Le Prince** (D'après). Études principes de paysages, Sanguines par Demarteau. 16 p.

175 — La Crainte, par Le Mire; l'Amour à l'Espagnole, Paysages. 5 p. in-fol.

176 **Loutherbourg.** La bonne petite Sœur, la Tranquilité champêtre, les Heures du jour, l'Amant curieux, etc. 21 p. par et d'après.

177 **Manglard.** Paysages et Marines in-fol., toute marge. 6 p.

178 **Miris** (D'ap.). Histoire romaine, avec texte au bas, in-4. 84 p., des doubles.

179 **Ozanne** (D'ap.). Ports de France, par Le Gouaz. Grand in-4, toute marge, très-belles ép. 17 p.

180 **Parrocel.** École de cavalerie et autres Cavaliers. 13 p.

181 **Paysages**, d'ap. Bourgeois, Pillement, Valenciennes et diverses Écoles. 100 p.

182 **Petit.** Naufrage et Mort de Virginie. 2 p. in-fol. Toute marge.

183 **Peyron.** Socrate prêt à boire la ciguë. In-fol.

184 **Picart** (B.). Titre des tableaux des religions et autres, et par Punt. En tout 15 p.

185 Histoire des religions, par B. Picart et autres. 32 p.

186 **Pièces historiques.** Feu d'artifice (1729), par Cochin; Bal masqué (1745); Bal à l'Hôtel-de-Ville; Place de Strasbourg; Peste de Marseille. 6 p. très-grand in-fol.

187 **Sujets historiques**, anciens, français et étrangers. 40 p.

188 — La Révolution française, par Duplessis; la Vache à la mode; dernières Paroles de Mirabeau; le Gourmand, etc. 10 p.

189 — Sur le règne de Napoléon; Batailles et Scènes; Allégories, etc. 40 p.

Limay 6 Berard 6 Hedon 5

oui

S'il y a [illegible]

non, je [illegible]

Hedon 20

190 **Porporati.** Le Coucher, Mort d'Abel. 2 p. in-fol.

191 **Prudhon** (D'ap.). L'Aurore de la raison commence à luire, la grande Pièce de la Constitution avec dédicace à Napoléon, et autres. 5 p.

192 **Ramberg** (D'ap.). Les Chagrins de Werther. 2 p. ovales in-4. Toute marge.

193 **Robert** (Hubert). Soirées de Rome à l'eau-forte et d'ap. lui. 9 p.

194 **Saint-Aubin.** Au moins soyez discret. — Comptez sur mes serments (Portraits de M. et de Mme Saint-Aubin). 2 p. collées sur carton.

195 **Saint-Non.** Peintures d'Herculanum, etc. 24 p.

196 **Santerre** (D'ap.). Suzanne différentes, et Vénus d'ap. Saint-Quentin. 5 p.

197 **Scheneau** (D'ap.). L'Optique renommé, l'heureux Serin, la Crédulité sans réflexion, le Retour désiré et autres 6 p.

198 **Vanloo** (D'ap.). Triomphe de Silène, la Sultane, la Confidence, Lecture espagnole et autres. 9 p.

199 **Sujets religieux.** Diverses Écoles. 30 p. in-fol.

200 **Vanloo** (D'ap.). Académies d'hommes, par Demarteau. 12 p. sanguine in-fol. Très-belles épreuves.

201 **Vernet** (D'ap. J.). Marines. 14 p. in-fol.

202 **Watteau** (D'ap.). L'Occupation selon l'âge, le Sommeil dangereux et autres. 14 p.

203 **Watteau** père (D'ap.). Bombardement de Lille par les Autrichiens, en 1792, par Masquelier. Très-grand in-fol. Marge.

204 **Wille**. Les Délices maternels avec le premier et second titre, les Soins maternels, le jeune Joueur d'instruments, etc.

205 **Wille** fils (D'ap.). L'Amusement du jeune âge, la Mère indulgente, etc. 3 p.

206 **Vues** de Paris. Très-grand in-fol. 32 p.

207 — de Versailles, Vincennes. 27 p. grand in-fol.

208 — de Versailles, Statues, etc. 40 feuilles contenant plusieurs sujets au trait.

209 — de Venise et autres, Paysages. 40 p.

210 — de Suisse et d'Orient en couleur. 18 p.

211 Pièces én couleur et sanguine. 20 p.

212 **Études**. Sanguine et noir, Ornements, Têtes, Mains, Animaux divers, Fleurs. 95 p.

213 — Têtes, Paysages, gravés et lithographiés, de Julien. 60 p.

214 — de paysages, lithographies Hubert, Jacottet. 100 p.

MODERNE ET DIVERS

215 **École moderne**. Veuve du soldat, avant la lettre; les Graces, Psyché et l'Amour, Cromwel de Dupont, etc. 20 p.

Livre 12

Lemeignen 15

~~Rabine 20~~
~~Si après tout~~

Hedouin 10
Si complet

216 — Vues et Paysages de Le Maître, Ransonnette, etc. 20 p.

217 — Sujets religieux d'après les anciens maîtres. 16 p.

218 — D'ap. Gérard, Daphnis et Chloé, l'Amour et Psyché et autres, 20 p.; Girodet, Paul et Virginie, Ariane, Odes d'Anacréon et autres, 24; Sujets de Racine, de Didot, 11. En tout 55 p.

219 — Sujets divers, École moderne. 30 p.

220 **Lithographies** par et d'après Bonington, Boulanger, Deveria, Diaz, Dupré, Gavarni, Girodet, Grandville, E. Lami, Roqueplan, Vues des Pyrénées, etc.; Marines, Paysages. Plusieurs lots.

221 — Chevaux par et d'après Géricault, Vernet. 15 p.

222 Sacre de Charles X. Texte, 19 feuilles et 11 lithog.

223 Moyen âge et la Renaissance. 23 livraisons.

224 Souvenir numismatique de la Révolution de 1848. 20 livraisons.

225 **Manière noire** par Desmadril, Maile, Reinolds, d'ap. Rioult, Delacroix, Léopold Robert, etc. Condamnation de la princesse Lamballe par Cornillet, etc. Plus de 30 p., 3 lots.

226 Concours de Gravures, Académies de Léopold Robert, Bridoux, Forster, etc. 10 p.

227 Statues et Bas-Reliefs divers. 55 p.

228 Perspective de Sam. Marolois, contenant la théorie et la practique. H. Hondius, 1614. Album de plus de 150 p.

229 L'Art de desseigner de maistre Jean Cousin, par Jollain.

230 Histoire des Faïences de Rouen. 42 planches et 45 pages de texte dans un portefeuille.

231 Portraits de philosophes, savants, 75, collés dans un vol. in-fol. de papier blanc.

232 Volume in-4, contenant des La Belle, Marines, Ornements, Académies de Cochin, Boucher, etc. 90 p.

233 Hopitaux de Paris. 32 p. in-fol.

234 Plans de Paris et autres Cartes. Environ 25 p.

235 John Cassell's, Art treasuaes, Exhibitions. 9 livraisons in-4.

236 Journal des Chasseurs. 86 lithog.

237 Galerie de Dusseldorf, 1778. Album de 30 pl., tachées d'humidité.

238 Sujets tirés de diverses écoles. 50 p.

239 Lot considérable, Gravures, Lithograp, Dessins, Études, Callot, etc., dans un portefeuille.

240 Traits de Flaxman, Union des arts de Londres, Étrusques, Antiquités, d'après Poussin et autres. Un fort lot.

Ves Renou, Maulde et Cock, imprs de la Cie des Commissaires-Priseurs, rue de Rivoli, 144. 99804

Rabine 25 à 30
si pas le 223.

Hédin 20

Verzier 10

760 catalogues à 5ᶜ	38
6 Mains chemises	9
Honoraires	163 – 45
	210 – 45

www.ingramcontent.com/pod-product-compliance
Ingram Content Group UK Ltd.
Pitfield, Milton Keynes, MK11 3LW, UK
UKHW020503180726
13839UKWH00004B/1875